AF359836

BIOGRAPHIES
DES CÉLÉBRITÉS CONTEMPORAINES
PAR

VERRIER (des Nationalités)

XIXᵉ SIÈCLE PHOTOGRAPHIÉ
Par DARCY, Chevalier de la Légion d'Honneur

DUMAINE

Un des artistes les plus populaires, pour ne pas dire le plus populaire des théâtres du boulevard, est, sans contredit, M. Dumaine. C'est surtout avec les costumes anciens, avec ce langage haut et naïf comme celui de nos pères, que Dumaine enlève les applaudissements unanimes des fidèles spectateurs de la Gaîté.

Il dédaigne cette afféterie qui distingue particulièrement les artistes de la Comédie-Française. Ceux-ci parlent toujours le nez en l'air, prononçant les mots du bout des lèvres et caressant le bout de leurs doigts, du reste moulés à merveille dans de délicieux gants beurre frais.

Il a la vigueur dans le parler, dans le

geste, dans l'action ; c'est la vie qui déborde, c'est la nature, c'est l'imagination qui crée. Ajoutez à cela une phyionomie expressive, attrayante, une belle taille, un corps bien proportionné, taillé sur le modèle de l'Apollon, avec une magnifique chevelure brune encadrant un visage avec des fossettes au menton et de la finesse dans le regard, et vous pourrez croire sans difficulté que plus d'un dandy a été bien déconfit en voyant au foyer sa belle regarder avec bien plus d'attention la photographie de notre célèbre artiste, qu'elle n'en avait jamais accordé à celle de son amant. Par de nombreux articles de journaux, par des notices historiques, la réputation de Dumaine passera à la postérité à côté de celle des Frédérick-Lemaître, des Bocage.

Louis-François DUMAINE naquit en août 1831 à Lieusaint (Seine-et-Marne). Il appartient à une honorable famille d'agriculteurs ; il est même le neveu du lieutenant-général de ce nom. Son père le destinait d'abord à la culture des champs, et devait lui léguer son patrimoine et ses fermes.

Mais, dès sa première jeunesse, notre artiste ne se sentait nullement attiré vers les granges et les étables. Son regard aimait à errer dans le beau ciel parsemé d'étoiles brillantes comme des diamants. Il aimait aussi à se promener à travers les prairies parées de leurs simples et splendides fleurs. Ses amours, ses affections, ne se bornèrent pas là. Il existait dans son village une jeune fille à qui le destin avait départi le rôle modeste, mais honnête, de mener aux champs les volatiles consacrés à Junon. Elle s'appelait Jeanne. Bref, Dumaine la trouvait plus belle encore que toutes ses fleurs, fût-ce même un bluet, fût-ce même un coquelicot. Il se déclara son champion, et malheur aux garçons du village qui dérangeaient Jeanne ou ses pupilles dans leurs paisibles occupations. Sa réputation herculéenne, son caractère vif, la faisaient respecter, ainsi que les deux sœurs de notre gars, auxquelles jamais gamin n'osa faire la moindre niche. En outre, le jeune Louis était naturellement très-porté à l'étude ; son caractère était enjoué, son rire était franc.

Un beau jour, son père jugea à propos de l'envoyer à Paris, chez sa sœur Béatrix-Martine Dumaine, bien connue au Théâtre-Historique sous le nom de

Mme Person. Elle était née, le 28 juillet 1828, à Aulnay-lès-Bondy ; elle était plus âgée que son frère de trois ans, et avait très-bien réussi au théâtre. C'est même exprès pour elle qu'Alexandre Dumas composa plusieurs rôles dans ses pièces. Elle conservait une grande tendresse pour son frère ; elle le plaça au Lycée Chaptal où Dumaine travailla avec aptitude et courage. Cependant il voulait revoir sa mère, et sans doute aussi son amie Jeanne qui devait être devenue une grande fille.

C'est à l'âge de seize ans qu'il retourna au logis paternel. Quoique bien reçu par ses parents, il avait chez sa sœur puisé le goût du théâtre : « Et moi aussi je serai artiste ! » s'écria-t-il.

L'éclat de Paris, si beau, si artiste, l'avait fasciné. A son retour à Paris, sa sœur, ne voulant pas qu'il se fourvoyât dans les coulisses, fit comme une seconde mère ; elle le plaça chez un mercier. Là, Dumaine s'occupait bien plus de réciter des tirades d'ouvrages dramatiques que de vendre du fil. Un beau matin, ce digne patron finit par prier son jeune commis métromane d'aller chercher Racine ailleurs. (Historique.)

Dumaine revint la tête basse chez sa

sœur, son lieu de refuge. Il fut un peu grondé, puis pardonné. Mme Person présenta notre ex-commis à M. A. Dumas à qui l'air intelligent et la physionomie heureuse de Dumaine plurent. Le voilà devenu le secrétaire de notre illustre romancier.

Cependant la manie du théâtre poursuivait toujours ce pauvre garçon. Enfin, un jour, A. Dumas consentit à lui faire répéter *Othello* et *Antony*. Il eut alors le défaut habituel des débutants. A son examen, il se gonfla les poumons et grossit sa voix comme ferait un traître de mélodrame. Il attendait des bravos : « Au lieu de chercher à frapper fort, il faut chercher à frapper juste... Parlez naturellement ; voilà tout ce qu'il faut pour jouer la comédie, » lui dit A. Dumas en lui tournant le dos.

Cependant, une fois en proie à la fureur de jouer la comédie, rien ne peut plus retenir ces malheureux en délire : « Être comédien ou mourir ! » voilà leur cri.

Il jeta la plume au vent, et alla, sous la direction d'un nommé Antonio, jouer dans les environs de Paris ; il fit les délices des théâtres de l'Ile-Adam et Villeneuve-la-Garenne, ce qui lui fit prendre l'habitude des planches. De plus, il était beau garçon et avait un bon organe. Las de cette vie de cabotinage, il entra avec la protection d'A. Dumas à la Comédie-Française où il joua un bout de rôle dans *le Moineau de Lesbie* (en 1849).

Puis il partit pour le Havre où il eut de véritables succès. Engagé ensuite à Marseille, il fut très-aimé du public. Aussi, étant tombé à la conscription, il allait être obligé d'être soldat; mais on donna une représentation à son bénéfice qui rendit assez d'argent, pour le racheter.

Ajourné pour son admission à l'Ambigu, il fut plus heureux avec M. Hostein, directeur de la Gaîté.

Admis à ce théâtre, il devenait dès lors vraiment un artiste ; il jouait des rôles dans un théâtre de Paris ! Dès lors commença sa réputation qui devait toujours s'accroître. Il est vrai que pour commencer il n'avait que des seconds rôles ; mais à ce moment on montait à l'Ambigu une pièce que M. Dennery avait tirée de *l'Oncle Tom*. Pour remplir le rôle de Georges le Mulâtre, on manquait d'un homme jeune, vigoureux, un de ces types primitifs dépeints par Miss Beecher-Stowe à si grands traits. On ne voyait que Dumaine ; mais pour l'avoir

il fallut résilier l'engagement qui l'atta-
chait à la Gaîté; une forte somme dut être
comptée à M. Hostein pour qu'il lais-
sât partir son jeune pensionnaire (1853).

Aussitôt entré à l'Ambigu, l'attention
publique se porta sur ce jeune homme
de talent qui avait interprété le rôle de
Georges le Mulâtre d'une manière si
merveilleuse. Il y a un rôle qui demande
un grand tact, une grande habileté dans
le Château des Tilleuls; c'est celui de Raphaël d'Alby. Dumaine s'en tira encore
à sa gloire, comme pour celui d'Étienne
Robert dans *le Voile de Dentelle*, d'An-
dronic dans *le Juif de Venise*, du maré-
chal de Saxe dans *l'Enfant du Régiment*,
Gilbert d'Artigues dans *le Pendu*, sans
oublier *l'Homme à Trois Visages*, *César
Borgia* (1853 - 1856), *la Légende de
l'Homme-Sans-Tête* (1857).

Ensuite nous le voyons à la Porte-
Saint-Martin créer avec un grand succès
le rôle de Regis des *Mères repenties*, jouer
celui de l'Abruti des *Bohémiens*, de façon
à faire voir qu'il était un comédien de
premier mérite. Enfin il donne un nou-
vel éclat à *Faust*.

De là Dumaine retourna à la Gaîté
prouver que son talent était à la hauteur
de tous les emplois. Il commença par

Cartouche, puis *Micaël l'Esclave, le Fils du Diable, les Pirates de la Savane, les Trente-Deux Duels de Jean Gigon, la Petite Pologne;* il créa et alla jouer au théâtre de la Porte-Saint-Martin, pendant trente représentations, le rôle d'Abd-el-Kader dans *les Massacres de la Syrie.*

Maintenant on lui voit jouer tous les soirs, avec un nouveau succès, le rôle du capitaine La Sauvetat (*l'Enfant de la Fronde,* 1862).

Il tient au théâtre de la Gaîté l'emploi de premier rôle en chef, et s'en tire au grand contentement de son directeur, qui encaisse de grosses recettes, ce qui est maintenant le criterium du talent...

N'oublions pas de dire qu'il est parfaitement secondé par MM. Perrin, Desrieux, Manuel, Ch. Alhaiza et Madame Clarence.

Paris. Imp. TINTERLIN, r. Nᵉ-des-B.-Enfants, 3

BIOGRAPHIES
DES CÉLÉBRITÉS CONTEMPORAINES

PAR

VERRIER (des Nationalités)

XIXe SIÈCLE PHOTOGRAPHIÉ

PAR DARCY, Chevalier de la Légion d'Honneur

RISTORI

Il faut l'avouer, sans même parler des grands hommes qui brillèrent depuis trente siècles en Italie, soit comme guerriers, comme grands citoyens, comme fameux jurisconsultes, soit comme maîtres du monde par le droit des armes et par la force d'un génie supérieur, en considérant même seulement nos contemporains, l'Italie est bien plus riche que la France en hommes, en femmes de talent et de génie pour tout ce qui concerne les beaux-arts. Qui n'a entendu prononcer mille fois les noms si justement célèbres de Rossini, Cherubini, Verdi, Canova, Alfieri, Alboni, Rosina Penco, Grisi,

Ristori ; la nomenclature des chefs-d'œuvre qu'ont créés ou interprétés ces quelques personnes choisies entre cent autres semblables, demanderait des volumes. Tous ces gens de génie ont excellé, chacun dans la sienne, dans toutes les branches différentes des beaux-arts. Elles en sont les créateurs, les maîtres, les interprètes par excellence. Énumérer les succès et l'enthousiasme qui ont suivi leurs pas serait chose impossible.

Dans ces quelques pages, nous nous bornerons à étudier la vie de Mme Ristori et de ce qui a rapport seulement à l'art dramatique en France et en Italie. Demandons-nous d'abord, nous autres Français si vantards de nos acteurs et actrices, qui avons-nous à mettre en face de cette fameuse tragédienne italienne ? Bien des gens me répondront de suite : « Mais, il y a quelques années à peine, nous avions Rachel. »

Oui, j'en suis d'accord, Rachel était une grande tragédienne parlant la langue française. Mais elle n'était pas née en France. En effet, Mlle Élisa-Rachel Félix est née à Munf, en Suisse (28 février 1820.)

Mme Adélaïde RISTORI est née en Italie, en 1821, à Cividale (petite ville du

Frioul). Ses parents étaient d'obscurs comédiens. Ils voulurent l'utiliser dès sa naissance, pour ainsi dire, à alléger leur misère. Dès l'âge de deux mois, ils la firent paraître sur la scène. Sans doute Thalie et Melpomène passaient par là, à ce moment, elles eurent pitié de tant de jeunesse et de tant de pauvreté, et comme de bonnes fées des contes allemands, elles l'adoptèrent et la prirent sous leur protection. C'est ainsi que je trouve facile d'expliquer qu'elle soit devenue la plus grande tragédienne du monde. Une pièce avait beaucoup de vogue à ce moment : « *Le Précepteur dans l'Embarras,* » de Giraud; qu'on eût employé une poupée à ressort à la place de la petite Ristori, c'était une chose insignifiante et, certes, Giraud ne se doutait pas alors que ce mioche qui pleurait et poussait des sons inarticulés, ferait vivre bien longtemps son nom. — Ce que c'est que la célébrité?

A quatre ans, la jeune Ristori jouait les rôles d'enfants, elle débitait quelques phrases en scène ; à douze ans, elle jouait les rôles de soubrettes et d'ingénues. Cela pourra passer aux yeux de beaucoup de Français pour une précocité incroyable.

Mais qu'on se rappelle que les femmes en Italie sont bien plus précoces, hâtives, dirai-je? que dans les climats du Nord. Nous avons vu, lors de notre voyage à Naples, chez une comédienne, sa petite fille âgée de quatre ans, débiter des vers d'une comédie avec plus d'expression que n'en mettrait une petite Parisienne de dix ans. Nous y avons vu aussi une jeune danseuse de treize ans qui était très-avancée aussi de toutes les manières; mais les mœurs sont de beaucoup meilleures dans le Frioul et se ressentent du voisinage de la pudique Suisse; aussi Mme Ristori est une femme d'un talent prodigieux dans l'art dramatique et, de plus, c'est une femme dont la vie privée est irréprochable (1).

Voilà ce qui a fait qu'elle en est arrivée à ce point de réputation et de talent; tandis que beaucoup d'autres jeunes actrices italiennes, après avoir eu énormément d'intelligence dès l'enfance, pour ainsi dire, mais écartées du chemin

____

(1) Tous ses biographes sont unanimes à reconnaître chez la *marchesa del Grillo*, toutes les distinctions de la femme du monde et tout le cœur de la mère de famille la plus respectable.

du travail par l'amour du *far niente* et des plaisirs, ne peuvent développer leurs capacités natives.

Dès l'âge de quatorze ans, on la voit jouer dans *Françoise de Rimini*, de *Silvio Pellico* et, à son premier bénéfice, elle joua dans une imitation d'une pièce française, dans la pièce intitulée *les Deux Fantômes*. Un an après, elle entra dans la troupe sarde, dont elle fait encore partie maintenant. Là, par sa figure attrayante qui annonçait aux physionomistes une femme de premier talent, elle s'attira la protection de Carlotta Marchionni qui remplissait les premiers rôles, et puisa les meilleurs principes pour la tragédie dans les précieuses leçons que lui donna la célèbre actrice son aînée.

En même temps que sa beauté se développait, son talent grandissait, elle était une des plus belles femmes de l'Italie, pays où toutes les femmes sont jolies. Son génie naissant s'alliant à une forme séduisante, notre tragédienne reçut de véritables ovations à Turin, à Parme (où elle brilla à côté d'Antoinette Robotti), à Florence et à Livourne, de 1841 à 1844. Méry, qui l'avait vue dans un voyage en Italie, sur une de ces grandes scènes de la Péninsule, s'était écrié : « En France, on croit voir la tragédie ; ici on la voit réellement. » En ces temps, elle jouait indifféremment la comédie et la tragédie.

L'histoire de ses amours, qui amenèrent son mariage avec le jeune marquis Capranica del Grillo (1847), pourrait fournir matière à un roman. Mais si la belle tragédienne fut heureuse de pouvoir, grâce à son talent, à ses mœurs irréprochables, de contracter cette noble alliance, les amateurs de la tragédie la virent avec peine s'éloigner de la scène. Une véritable ovation qui l'accueillit, en jouant au bénéfice d'un directeur ruiné, la fit revenir à ses premières affections, l'amour du théâtre. Elle forma d'abord une troupe digne de la seconder ; mais bientôt elle s'engagea dans celle de Domeniconi. Elle étudia alors sous la direction de Caroline Internari les premiers rôles des tragédies italiennes et se mit à jouer les œuvres d'Alfieri. Son triomphe sera toujours le rôle de Myrrha.

Le bombardement de Rome, en 1849, interrompit le cours de ses représentations jusqu'en 1850.

Elle obtint de véritables succès dans

Rosemonde, Octavie et Antigone. Bientôt elle rentra dans la troupe sarde. Jouant quelques mois à Turin tous les ans, elle parcourut toute l'Italie se faisant encore applaudir dans les rôles de *Françoise de Rimini*, *Pia dei Tolomei* et *Marie Stuart*.

En 1855, elle joua son répertoire italien à Paris et y obtint un succès prodigieux. Elle joua même à la Comédie-Française, c'était quelques mois après une représentation de Rachel; elle y obtint un double succès par suite de l'antipathie que le public parisien ressentait pour Rachel qui le délaissait pour aller courir après des millions dans les deux mondes. On établissait un parallèle entre ces deux célèbres tragédiennes, on disait que Myrrha était mieux jouée que Phèdre.

Même A. Dumas demandait que les deux tragédiennes, engageant un duel d'art, jouassent chacune son jour au Théâtre-Français.

Sans donner la préférence à aucune, disons que le talent de la Ristori est riche et varié mais ne ressemble en rien à celui de sa rivale. La première a autant de vivacité et d'expression que Rachel montre de concentration et de profondeur. Chacun connaît les vers que lui adressa Lamartine.

Depuis ce temps, Mme Ristori joue chaque année quelques mois en France.

En 1856, elle joua *la Médée* de Legouvé, traduite par Montanelli. La réputation de notre tragédienne est devenue européenne. Par exemple, en 1857, elle reçut en Espagne l'accueil le plus flatteur. Enfin elle a joué tout l'été dernier à l'Odéon et une fois aux Italiens ; l'hiver elle est allée en Russie ; que sais-je, comme Rachel elle ne veut pas se contenter d'avoir un talent hors ligne, elle veut aussi acquérir une fortune colossale ; aussi elle est sans cesse en voyage, parcourant tous les pays où ses représentations lui rapportent des sommes fabuleuses.

Sans doute, cet été, nous pourront l'applaudir à Paris, soit aux Italiens, soit à l'Odéon.

Paris. Imp. TINTERLIN, r. N^e-des-B.-Enfants, 3

BIOGRAPHIES
DES CÉLÉBRITÉS CONTEMPORAINES

N° 3

GARIBALDI

Quoiqu'il y ait bien à redire à la manière de marcher de certaines choses, il faut cependant que le pessimiste le plus endurci reconnaisse (pourvu que dans son esprit soit empreinte la moindre trace de libéralisme), il faut, dis-je, que tout homme intelligent reconnaisse combien les idées de nationalité, de protection aux peuples asservis et opprimés, ont trouvé d'écho et d'appui auprès de la masse éclairée des nations voisines et même de certaines têtes couronnées. De généreux citoyens, des hommes nobles, sublimes, taillés sur le modèle des plus fortes, des plus honnêtes figures de l'antiquité, ont voué leur vie tout entière à combattre pour un principe, ont versé sans regret leur sang en cent combats différents pour l'affranchissement d'une nationalité. Pour ces grands hommes, point de répit, point de plaisir qu'ils n'aient renversé tous les obstacles. Puis, quand la patrie est reconstituée, que les honneurs, de justes récompenses, vont les chercher, on ne les voit plus, ils courent se cacher dans une humble retraite. Ils semblent fuir avec effroi le moindre titre de gloire, ceux qui, formant une petite troupe de volontaires mal aguerris, regardaient sans trembler les bataillons ennemis dix fois plus nombreux. En écoutant le récit de leur vie, on croit entendre une répétition, une amplification même de celle de Caton, de celle de Cincinnatus. A la tête de cette forte race d'hommes aussi grands que les plus grands de l'antiquité, se trouve, de l'avis de tous, Garibaldi. Jadis, l'histoire de ses exploits a passé souvent aux yeux du vulgaire sous les couleurs du roman, du merveilleux, surtout dans un pays à imagination vive, poétique, comme l'Italie. Les uns croyaient qu'il était invulnérable, que les balles s'aplatissaient sur son front comme sur la plus impénétrable lame d'acier. Les autres, ses ennemis les pieux papistes, prétendaient qu'il était le diable en personne, d'autant plus qu'il porte le plus souvent des vêtements d'un rouge écarlate. Et si l'inquisition l'avait pu faire prisonnier, peut-être bien l'aurait-on brûlé comme sorcier, au lieu de fusiller comme traître celui qui n'avait d'autre artifice pour se faire épargner par la mort que de la mépriser, celui qui est le plus loyal, le plus dévoué citoyen de l'Italie.

La vie de Garibaldi tient beaucoup de l'extraordinaire, mais elle n'a rien de mystérieux. Elle se résume en deux mots : il alla toujours à la défense de l'opprimé, courut toujours à l'endroit le plus périlleux. Une fois sa cause victorieuse, il fuit l'éclat du triomphe, vient se cacher dans son humble demeure, jusqu'à ce qu'un nouveau danger menace ses frères.

Nous nous bornerons maintenant à mettre quelques dates aux faits principaux de la vie de celui dont chacun fait le sujet d'interminables récits et de commentaires infinis.

Garibaldi (Giuseppe) est né dans le comté de Nice, le 4 juillet 1807, en pleine mer, dit Mme de la Messine, au milieu d'une tempête, sur la côte de Nice. A Nice même, suivant d'autres, dans la chambre où naquit Masséna. Quelques-uns fixent au 22 juillet la date de sa naissance.

« Son père était pêcheur et comptait

parmi ses ancêtres bon nombre de marins cités pour leur bravoure. » Tout enfant, il aimait le danger avec frénésie. Il s'engagea tout jeune encore dans la marine sarde, où il obtint rapidement différents grades, lorsqu'en 1834, compromis dans une conspiration, il dut se réfugier en France. Il quitta bientôt Marseille pour tenter, dans la haute Italie, une nouvelle entreprise contre les Autrichiens. Traqué dans les *Montagnes Noires*, il prit aux yeux des Italiens et de ses ennemis les proportions d'un être surnaturel, à cause de l'adresse qu'il sut déployer pour échapper à des dangers presque insurmontables. Pour donner de l'alimentation à son énergie, il ne tarda pas à aller demander du service au bey de Tunis, qui lui conféra le grade d'officier dans sa flotte ; il n'y resta pas longtemps, bientôt il se dirigea vers l'Amérique, et son épée fut mise à la défense de la république de l'Uruguay. En 1838, Rosas faisait attaquer Montevideo par cinq mille hommes ; notre héros, à la tête de cinq cents jeunes gens, oppose une glorieuse mais inutile résistance.

Il se réfugie à Gualaguay, où il est mis en prison ; il parvient à s'évader, rallie ses compagnons, et se fait donner le commandement de la flottille de la République contre la flotte de Buénos-Ayres. La lutte dura deux ans. Pour ne pas laisser entraver plus longtemps les relations commerciales sur la rivière, les flottes anglaises et françaises durent intervenir. Reçu à Montevideo avec enthousiasme, il épousa une Brésilienne au cœur héroïque, Annita. Une nouvelle guerre éclate en 1843. Là, nous voyons Garibaldi, cerné à Fulta avec ses trois cents légionnaires par Rosas, à la tête de forces dix fois supérieures en nombre ; cependant notre héros enfonce partout les lignes ennemies et met l'armée en déroute par quatre côtés différents. La république de l'Uruguay le combla d'honneurs, et lui offrit des dons d'argent et des concessions da terres.

A la nouvelle de la révolution de 1848, il s'embarqua (avril) pour l'Italie avec deux cents légionnaires. Il prit une part active, dans le sud du Tyrol, à la guerre soutenue par Charles-Albert contre les Autrichiens, et fut le dernier à déposer les armes après la capitulation de Milan.

Devenu général de la République romaine en 1849, il courut au secours de l'ancienne maîtresse du monde avec

deux mille légionnaires, cette troupe
d'élite dont Mazzini avait voulu être le
premier soldat. Il repoussa, le 30 avril,
le corps de Français que le général Ou-
dinot, duc de Reggio, avait lancé contre
Rome avec trop de confiance, et lui fit
éprouver des pertes graves. Le 9 mai,
avec trois mille hommes, il battit cinq
mille Napolitains à Palestrina, et rem-
porta le 19 une nouvelle victoire sur
Rosalti à Velletri. Il força les Français
à faire un siége en règle devant Rome,
qui dura trente jours. Mais enfin il fut
obligé d'évacuer Rome, et n'échappa à
mille dangers semés à chaque pas sur sa
route, que par une audace et une bravoure incroyables.

Voilà sa proclamation avant de quitter Rome à ses compagnons d'armes :

« Soldats, voici ce qui vous attend :
« la chaleur et la soif pendant le jour,
« la faim pendant la nuit, point de
« solde, point de repos, point d'abri;
« mais en revanche une misère ex-
« trême, des alertes et des marches con-
« tinuelles, des combats à chaque pas;
« que ceux qui aiment l'Italie me sui-
« vent! »

La brave Annita, qui commandait
une centurie dans cette fameuse retraite,

périt de fatigue. Garibaldi put regagner le nord de l'Italie, d'où il repartit pour l'Amérique ; il alla à New-York et en Californie, et de là en Chine au commencement de 1852, et visita la République péruvienne, où il reçut le commandement supérieur des troupes. Mais il profita de la permission de revenir dans son pays, et devint capitaine d'un paquebot d'une compagnie de Gênes.

En 1859, lors de l'expédition française en Italie, qui amena l'abandon de la Lombardie par l'Autriche, il était toujours en éclaireur au devant de l'armée franco-sarde, et se distingua surtout aux environs du lac de Come.

Enfin l'exploit le plus surprenant de la vie de Garibaldi fut sa descente en Sicile. Le 5 mai 1860, il s'embarqua à Gênes sur deux petits paquebots d'une compagnie sarde, à la tête de mille quatre-vingt-cinq hommes, traversa miraculeusement les croisières de la flotte napolitaine, forte de cent vingt-cinq bâtiments, et après le combat de Calatafimi, devint maître de Palerme, trois semaines après son débarquement à Marsala.

Devenu dictateur de la Sicile, il débarqua peu après sur la Péninsule, et entra bientôt dans Naples, abandonnée par François II, qui se réfugiait avec trente mille hommes à Gaëte.

Devenu ainsi dictateur des Deux-Siciles, il résigna ses pouvoirs entre les mains de Victor-Emmanuel, et maintenant il vit modestement retiré dans son île de Caprera.

VERRIER.

Paris. Imp. TINTERLIN, r. Ne-des-B.-Enfants, 3

BIOGRAPHIES
DES CÉLÉBRITÉS CONTEMPORAINES

N° 4

SA MAJESTÉ
VICTOR-EMMANUEL

En nous mettant à écrire la biographie du roi d'Italie, nous avons jeté les yeux sur un ouvrage inachevé, devant avoir pour titre : *Éloge de Victor-Emmanuel*, par votre serviteur. En effet, on aime à lire et à relire les glorieuses actions du roi galant homme, et en parlant de lui on se sent enthousiasmé, et à moins d'avoir un cœur extrêmement froid, on devient presque éloquent... Nous avions oublié de dire pourquoi nous avions laissé inachevé le petit ouvrage dont nous parlions, mais c'est qu'il y a une foule de raisons. La dernière était que le roi de Sardaigne ne cessant de conquérir et d'annexer des provinces, voire même des royaumes, nous avions sans cesse à ajouter un chapitre nouveau à un chapitre qui, aux yeux de moins clairvoyant, devait paraître ajouté déjà après coup, et nous devons l'annoncer dans notre joie de voir l'Italie délivrée, nous étions ennuyés d'avoir sans cesse à refondre un livre déjà refondu, puis voyant que Victor-Emmanuel ne devait pas tarder à devenir maître de toute l'Italie, nous avons remis à reprendre la plume après la conquête de Rome et de Venise, car nous ne voulions pas, comme Boileau, dire :

Grand roi cesse de vaincre, ou je cesse d'é-
[crire !

Le chef de la maison de Savoie a tellement des vues larges et libérales, que les républicains les plus farouches, comme Mazzini, qui a encouru la peine de mort pour ses idées républicaines et vit dans un perpétuel exil, et Garibaldi, qui sur les champs de bataille a affronté mille morts pout défendre la république et ne pas se soumettre à ceux qui renversaient la liberté, sont devenus ses plus dévoués et ses plus fervents défenseurs, et ils disent dans un généreux élan : « Si l'Italie doit avoir un roi, ce roi ne peut être que Victor-Emmanuel. » L'histoire des annexions des duchés des Romagnes et des Deux-Siciles nous montreront combien il est aimé par le peuple ; mais procédons par ordre et commençons sa biographie *ab Jore.*

Vittore - Emmanuele (Marie-Albert-Eugène-Ferdinand-Thomas), *il re galant uomo*, comme l'appellent les Italiens, « est né le 14 novembre 1820, de Charles-Albert, alors prince de Carignan, et de la princesse Marie-Thérèse, fille du grand-duc de Toscane, Léopold Ier. Il a donc aujourd'hui quarante-deux ans. Sa taille est moyenne et bien prise, il a l'air franc et ouvert, l'œil hardi et attractif, la démarche résolue ; tout respire en lui l'assurance du soldat, l'habitude du commandement (1). Il reçut une éducation savante en même temps que guerrière, et étant encore duc de Savoie, il épousa, en 1842, l'archiduchesse Adélaïde d'Autriche ; commandant la brigade de Savoie en 1848, il accompagna son père dans la lutte contre l'Autriche, reçut une balle à la cuisse. Ce fut en vain qu'il se couvrit de gloire à la désastreuse bataille de Novare (23 mars 1849). Par suite de l'abdication de Charles-Albert, il devint roi, sous le nom

(1) Charles de la Varenne. *Victor-Emmanuel II et le Piémont.*

de Victor-Emmanuel II, roi de Sardaigne, de Chypre et de Jérusalem, et par élection de la Haute-Italie, en vertu de l'union librement et légalement votée en 1848.

Le nouveau roi s'est montré toujours fidèle au Statuto fondamental, auquel avait prêté serment son père. Il signa la paix avec l'Autriche le 6 août 1849. Entouré de ministres intelligents, il réorganisa les finances, l'armée et l'instruction publique. Malgré l'Autriche, malgré Rome qui le menaçait de son excommunication, il maintint le gouvernement représentatif avec toute la liberté qu'il comporte. Les droits de l'État bridant les ecclésiastiques et leurs privilèges, les biens de l'Église mis en vente, la liberté d'enseignement, l'asile et la protection offerts aux réfugiés italiens, finirent par faire lancer contre lui les foudres du Saint-Siége. Il ne se laissa pas intimider pour si peu, il protesta courageusement par un memorandum.

En 1855 survint la guerre d'Orient, entreprise par la Turquie, la France et l'Angleterre contre la Russie ; dans le but de se faire de puissants alliés contre son puissant et menaçant voisin l'empereur d'Autriche, Victor-Emmamuel envoya en Crimée, sous le commandement du général La Marmora, un corps de dix-sept mille Sardes qui, à la Tchernaïa, firent preuve d'une grande intrépidité. La guerre terminée, un représentant du petit (alors) État Sarde siégea au congrès de Paris, et fit une protestation, au nom des Italiens opprimés, contre les princes despotes et les Autrichiens envahisseurs. Puis avec Cavour pour premier ministre, il continua cette voie libérale et progressive. Enfin les élections générales de 1857 sanctionnèrent la politique du roi. Pendant que l'Autriche continuait à opprimer le Lombard-Vénitien et à aider, par la présence de ses troupes dans plusieurs citadelles de la Romagne, les cardinaux à continuer leur gouvernement inique et inintelligent, Victor-Emmanuel ne cessait d'accueillir avec la plus grande bienveillance les malheureux émigrés qui accouraient par milliers dans ses États. Aussi les relations étaient très-tendues entre l'Autriche et la Sardaigne; la première menaçait sa faible voisine de la châtier si elle continuait à oser contrecarrer sa politique despotique et oppressive. Victor-Emmanuel resserra son alliance avec l'Empereur des Français, en

mariant sa fille, la princesse Clotilde
de Savoie, avec le prince Napoléon
(Jérôme), cousin de Napoléon III. L'Autriche, le 9 avril 1859, envoya un ulti-
matum au roi de Sardaigne, lui enjoi-
gnant de désarmer sous trois jours. Sur
le refus du chevaleresque fils de Charles-
Albert, l'Autriche passa les frontières
de la Sardaigne ; aussitôt Napoléon III
arrivait avec une puissante armée, et
en six semaines battait les Autrichiens
à Magenta, Marignan et Solferino, en-
levait la Lombardie à François-Joseph,
et la cédait à Victor-Emmanuel (Paix
de Villafranca, 11 juillet).

Pendant que Napoléon III, à la tête
de l'armée française, s'emparait de Solferino, Victor-Emmanuel, de son côté,
battait les Autrichiens à San-Martino,
sur la gauche de l'armée principale. Là
Victor-Emmanuel se couvrit de gloire,
car la lutte fut longue et terrible, et il
était le premier au feu dirigeant tout.

Le 24 juin, l'armée piémontaise, forte
de quatre divisions, s'avançait dans la
direction de Pozzolengo, de Peschiera
et de Madonna della Scoperta ; elle rencontra vers sept heures du matin les Autrichiens du côté de San-Martino. Quatre
fois l'armée renforcée gagna les hau-

teurs, quatre fois elle fut repoussée.
Alors la brigade d'Aoste, de la division
Fanti, qui s'était d'abord portée vers
Solferino pour donner la main au maré-
chal Baraguay-d'Hillers, fut envoyée par
le roi pour appuyer les généraux Mol-
lard et Cucchiari; avec ce renfort, les
Sardes atteignirent les hauteurs malgré
la tempête. Après un combat acharné,
les Autrichiens plièrent, puis furent dis-
persés par la cavalerie du roi.

Pendant ce temps-là, les troupes au-
trichiennes ayant évacué les Romagnes,
les provinces et tous les duchés, à l'ex-
ception de Rome, se débarrassèrent de
leurs despotes, et par un vote unanime
et un plébiscite imposant, choisirent
pour roi Victor-Emmanuel. Puis Garibaldi, en 1860, ayant renversé le trône
de François II et étant devenu dictateur des Deux-Siciles, résigna son pouvoir entre les mains de Victor-Emmanuel, ce qui fut confirmé encore par un
vote unanime des populations méridio-
nales. Ainsi Victor-Emmanuel 1er prit
dès lors le titre de roi d'Italie. De la
sorte, n'ayant eu d'abord qu'un petit
royaume contenant seulement quatre
millions cinq cent mille habitants, il est
devenu le souverain d'un pays comp-

tant vingt-quatre millions d'âmes (Il reste encore environ trois millions d'Italiens répartis dans la Vénétie, Rome et ses environs).

Depuis la mort de Cavour, Rattazzi est devenu son premier ministre, et le roi d'Italie a de nouveau envoyé pour le représenter à Paris, le commandeur Nigra.

VERRIER.

Paris. Imp. Tinterlin, r. N°-des-B.-Enfants, 3

BIOGRAPHIES

DES CÉLÉBRITÉS CONTEMPORAINES

N° 5

RATAZZI

De même que les petits rois se distinguent par le choix de mauvais petits ministres, qui, du reste, ont un talent tout particulier pour leur faire perdre leurs royaumes, de même on reconnaît un grand roi en le voyant entouré de grands ministres.

Certes, parmi les princes d'aujourd'hui, celui dont l'histoire est la plus extraordinaire, la plus remarquable, la plus grande, c'est le noble Victor-Emmanuel. Aussi le voyons-nous toujours secondé par des ministres d'un talent remarquable, incontestable.

Le commandeur Ratazzi, dont nous donnons ici une courte notice historique, est devenu depuis quelque temps le premier ministre du royaume d'Italie, aussi bien par le choix de son souverain que par les vœux de tout le peuple. Pour bien comprendre la popularité dont jouit le premier ministre, il faut remonter au fond des choses, voir quel est l'état de l'Italie et quelles sont ses aspirations, pour se convaincre que Ratazzi est le seul homme possible en Italie, comme premier ministre, pour diriger sagement, mais sûrement, son pays dans la voie où le poussent les aspirations de trente millions d'hommes.

M. de Metternich avait dit : « L'Italie est une expression géographique. » Comme en politique les paroles de ce grand étrangleur de peuples étaient aussi respectées que pouvaient l'être celles des prophètes en Israël (des prophètes qu'on ne lapidait pas, il va sans dire), tous les diplomates, tous les rois, tous les gens patentés et ayant droit reconnu et légal de penser et de parler, répétaient comme un seul écho : « L'Italie est une expression géographique, » sans savoir ce que cela voulait dire ; on trouvait même le mot spirituel. N'a-t-on pas dit :

Un sot trouve toujours... etc.

Peut-être ces braves gens ignoraient l'existence de la mer Adriatique, de la mer Méditerranée, des Alpes, ces gigantesques limites naturelles qui ne sont traversées que par des Annibal, des César, des Charlemagne et des Napoléon; ils ignoraient aussi sans doute que les Italiens ont un cœur... italien !

Cependant l'état de compression et de dislocation de l'Italie ne contentait pas autant tous les habitants que l'ordonnaient la Sainte-Alliance et les traités de 1815. Quand il éclatait des troubles dans ce malheureux pays, et il en éclatait tous les jours, les diplomates de l'école Metternicho - papalo - despotique s'écriaient : « C'est la révolution ! c'est la question sociale ! » Tout le monde le croyait, et l'on courait sus sans pitié à tous ces infâmes révolutionnaires, qu'on traitait comme des bêtes féroces. Du reste, le mot *nationalité* n'était pas encore naturalisé dans les langues modernes. Ce n'est que Garibaldi, Mazzini, Victor-Emmanuel et Ratazzi qui osèrent les premiers le prononcer, et ce fut Napoléon III qui le répéta en jetant son cri de guerre. Cependant Napoléon, comme Cavour, ne rêvait pas encore complétement l'unité italienne. Ils com-

prenaient la nationalité d'un royaume
lombard-vénitien agrandi, formant l'I-
talie du Nord, et, à côté, un autre au
centre pour le Pape, puis un troisième
au Sud, du reste, avec des princes italiens devant être un jour débarrassés
de l'influence étrangère. Ce n'est pas
ainsi que pensait Ratazzi, qui, dès 1848
et même auparavant, voyait que l'u-
nité de l'Italie devait être constamment
le but vers lequel devaient se diriger
les efforts d'un vrai patriote, et jamais
il ne consentit à rien faire qui pût,
d'une manière quelconque, entraver la
marche de son pays dans la route de
son idéal.

En effet, étant de l'opposition et de
la fraction ayant pour chef l'abbé Gioberti, il était entré, au 15 décembre
1848, au ministère de l'intérieur, puis à
celui de grâce et de justice ; lorsque
Gioberti proposa une intervention piémontaise à Rome pour réintégrer le
Pape, il se sépara de lui. Le vote du
pays donna raison au patriote dévoué.
La demande anti-nationale fut repoussée
par le Parlement. Et dès lors, Ratazzi
reçut une éclatante récompense pour
son zèle inébranlable. Gioberti tomba,
et, quant à lui, il resta au ministère.

plus fort et plus populaire que jamais, jusqu'au désastre de Novare (23 mars 1849), qui vint rétablir l'influence du parti autrichien dans la malheureuse Italie.

Il y a quelques années encore, sous le long ministère du tout-puissant de Cavour, Ratazzi, alors président du Parlement italien, aurait pu plusieurs fois, appuyé par son parti très-influent déjà, le centre gauche, entrer au ministère ; jamais il ne le voulut. De Cavour était fédéraliste, Ratazzi était pour l'union ; ils ne pouvaient s'entendre. Notre généreux patriote ne pouvait accepter de servir l'adversaire de ses principes. Ces jours-ci encore, une espèce de consistoire, une réunion d'évêques presque tous étrangers à l'Italie, viennent de déclarer que le Pape doit se défendre et ne pas céder à l'Italie la capitale que réclame son Parlement. Aussi, lui, étant premier ministre, quelles sont les généreuses paroles de protestation que vient de prononcer Victor-Emmanuel ! En voici quelques-unes ; on verra que l'idée de l'unité de l'Italie inspirera toujours la marche des événements sous son ministère :

« Nous ne pouvons, dit Victor-Emmanuel, accepter que Rome soit l'esclave de l'univers catholique. »

Quelles sublimes paroles, dites noblement !

Maintenant que nous connaissons les idées, les principes, les tendances du premier ministre de l'Italie, voyons par quel enchaînement, voyons par quelle vie d'honnêteté, d'abnégation, de mérite, de travail, il est arrivé à être le digne ministre du meilleur des rois.

Urbain Ratazzi est né à Alexandrie, à la fin de juin 1808. Sa famille s'était déjà distinguée dans le barreau et dans la politique. Son père était secrétaire du Conseil de justice. Il reçut gratuitement une brillante éducation au collége des Provinces, à Turin. Reçu docteur en droit en 1829, il fut d'abord professeur à l'Université royale, puis alla auprès de la Cour d'appel de Casale (1838), où il acquit une réputation de jurisconsulte émérite. En 1848, après la Constitution de Charles-Albert, il fut envoyé, par Alexandrie, à la Chambre des députés. Il appartenait au parti s'intitulant les progressistes. Après la défaite de Custoza, le roi l'appela au ministère, qui ne dura que huit jours. Devenu ensuite un ardent parmi l'opposition, il devint ministre avec Gioberti, comme nous l'avons vu, et quitta ce dernier lors des affaires de Rome ; c'était le ministère démocratique avec Buffa, Sineo, Tecchio et Cadorna. Le désastre de Novare et l'avénement de Victor-Emmanuel au trône de Sardaigne laissèrent de côté Ratazzi.

Cependant Charles-Albert, dans l'exil, transmettant d'Oporto à son fils des recommandations, signalait ce dernier comme « le ministre qui l'avait servi avec le plus de zèle et d'affection. » Ratazzi fit partie de la députation de la Chambre qui alla rendre visite à l'auguste exilé.

A la session suivante (1850), Ratazzi se sépara de ses anciens amis, forma et dirigea le centre gauche. Cavour lui fit quelques avances. Ratazzi devint chef du centre gauche ministériel, et, à la mort de Pinelli (1852), il fut nommé président de la Chambre. Au mois d'octobre 1859, il devint même ministre de la justice. En 1855, il changea les sceaux contre l'intérieur, où il est resté jusqu'au 15 janvier 1859. Depuis la Constitution du royaume d'Italie, il était président de la Chambre des députés ; il y a quelques mois, il a pris la place

de premier ministre, laissée vacante
par la mort de M. de Cavour. Il donne
beaucoup d'espoir par son esprit conci-
liant.

En terminant, dépeignons sa physionomie. Il est grand, mince, blond, la
figure pâle et fine, l'œil gracieux, quoique perçant. Bien qu'âgé de plus de
cinquante ans, il a encore une apparence
quasi juvénile Il passe pour un des plus
éloquents de la Chambre, et, de l'avis
de tous, est le premier jurisconsulte de
l'Italie. Il a fait passer un grand nombre
de lois célèbres; quelques-unes sont les
plus libérales de l'Europe.

VERRIER.

Paris. Imp. TINTERLIN, r. N.-des-B.-Enfants, 5

N° 6

DÉJAZET

Virginie Déjazet naquit à Paris vers
1797; elle est donc âgée de soixante-
six ans environ. Malgré cet âge respectable, où la plupart des artistes, des
anciennes célébrités, prennent leur retraite, et, le dos voûté sur leurs aiguilles
silencieuses, filent la laine et tricotent
des bas en pensant tristement au voyage
dans l'autre monde, elle joue encore tous
les soirs, toujours aux applaudissements
de ses nombreux spectateurs. Et quels
rôles, grand Dieu! les rôles les plus
jeunes, des rôles d'enfants même. C'est
prodigieux! Cela paraîtra incroyable
au moins sceptique de nos neveux. Elle
mourra le verre de champagne à la
main, en chantant un couplet de van-
deville, qu'elle chante si bien: car

vraiment, en France, il n'y a qu'elle qui sache bien les dire : c'est triste, mais c'est exact.

Ses rôles favoris sont ceux qui, comme *les Premières armes de Richelieu*, demandent un costume masculin. Là, elle joue le jeune seigneur impertinent comme un grand personnage de haut lieu, comme une jolie femme. Elle y est adorable, étourdissante, avec son sans gêne ; elle est fraîche, elle est jolie. elle est resplendissante. Dieu seul sait le nombre de pots de blanc, de rouge, de noir, de bleu, de jaune, nécessaires pour opérer ce miracle de transformation.

Pour réparer des ans l'irréparable outrage,

l'efficacité de l'eau de Jouvence semblerait ne plus être une fable. Tudieu ! Virginie, vous n'êtes pas seulement une prodigieuse comédienne, vous êtes encore un grand peintre. Et si je ne vous place pas après Raphaël, je vous range au moins à côté des meilleurs broyeurs de pastel.

Mademoiselle Virginie suit maintenant religieusement cet adage : « La vie intérieure doit être murée. » En effet, le jour elle est invisible à tous les yeux :

elle est toujours voilée. Aussi, vous dire comment est sa physionomie, je ne le puis ; seulement, j'ai ouï dire que ses cheveux étaient bruns. On dit qu'elle n'a jamais été à la ville ce qu'on appelle une jolie femme, mais qu'elle a été très-longtemps une femme charmante, à la figure mobile, expressive, au regard brillant, plein de malice.

Sa voix est claire, distincte plutôt qu'agréable. Que de fois elle a été couverte d'applaudissements en chantant des chansonnettes quelque peu égrillardes, particulièrement celles de Béranger, comme *Roger-Bontemps* entre autres, *Madame Grégoire*, *le Dieu des Bonnes Gens*, etc.

Elle était le grand interprète du grand poëte de la France.

Mais remontons un peu pour énumérer le nombre de ses succès. On la voit pour la première fois sur la scène au Théâtre des Capucines, dans une pièce ayant pour titre : *Fanchon toute seule* ; elle avait cinq ans seulement.

Elle joua dans plusieurs théâtres, et tint l'emploi de jeune première au Théâtre des Jeunes Elèves, disparu depuis 1807. Elle reprit ensuite les rôles d'enfants, et on la revoit au Vaudeville dans une bluette de Bouillet : *la Belle au Bois dormant*. Dès lors, elle commença à obtenir ces succès qui la mirent au premier rang parmi les premiers artistes. Cependant, en 1817, elle quitta Paris pour aller en province; ces pays furent alors malsains pour elle. Elle était la grande artiste de province incomprise, marchandée par d'avides directeurs. Cependant, elle fut accueillie par des bravos à Lyon et à Bordeaux, dans *la Leçon de botanique* et dans *Angélique*.

Cependant, revenant quelquefois à Paris, elle obtint beaucoup de succès dans *les Petits Braconniers*, du répertoire des Variétés, et, engagée au Gymnase en 1821, elle joua dans *le Mariage Enfantin*, *la Loge du Portier*, etc.

De là elle se rencontra, avec Potier et Bouffé, au Théâtre des Nouveautés, après avoir vu la faveur du public lui préférer Léontine Fay et Jenny Vertpré. Son plus grand succès fut le rôle de *Bonaparte à Brienne*, où elle représentait le futur héros de la France encore adolescent.

En 1831, elle joua au Palais-Royal, avec Alcide Touzé et Levassor : *le Philtre*, *Vert-Vert* (un de ses plus grands succès), *les Premières Armes de Richelieu* (autre succès dans Fronsac, duc de Richelieu), *Indiana et Charlemagne*, etc. Dès lors, son nom devint vraiment populaire. En cinq ans elle créa, aux Variétés, *le Moulin à Paroles, Gentil-Bernard, le Marquis de Lauzun* (où elle remplit quatre rôles différents).

De là elle parcourut la province, ramenant des recettes très-rondelettes. De retour à Paris, elle s'engagea au Vaudeville, et créa les rôles du vicomte de Létorières et de la douairière de Brionne. En sortant de ce théâtre, elle ne se borna plus à faire quelques tournées théâtrales en France; elle alla en Angleterre. Mais, artiste de cœur français, elle ne resta pas longtemps, comme Rachel, sur la terre étrangère; elle revint jouer, aux Variétés, *les Trois Gamins*, et, en 1845, *le Sergent Frédéric*, à la Gaîté.

Depuis ce temps, elle jouait seulement dans quelques représentations extraordinaires sur quelques scènes de Paris, quand, il y a quelques années, un privilége fut accordé à son fils, qui fonda, à la place des Folies-Nouvelles, le Théâtre-Déjazet, où nous lui voyons souvent jouer *les Trois Gamins, la Douai-*

rière de Brionne, et chanter *la Lisette du
Chansonnier*, de Frédéric Bérat. Elle a
créé, à ce théâtre, *Monsieur Garat et les
Prés Saint - Gervais*, de M. V. Sardou.
l'auteur à la mode, son protégé, dit-on.

N'oublions pas *la Gardeuse de Din-
dons, Monsieur et Madame Pinchon, la
Fiole de Cagliostro*.

En jouant toujours des rôles mascu-
lins comme Gentil-Bernard, Fronsac,
duc de Richelieu, le vicomte de Létorières, le marquis de Lauzun, le capitaine
Charlotte, elle a créé au théâtre un emploi nouveau, appelé les Déjazet, qu'ont
voulu suivre, sans beaucoup de succès.
Scrivanek et Alphonsine, des Variétés.

Le jeu de Déjazet est vif, enjoué, ba-
din, insolent, moqueur, sarcastique;
c'est l'esprit français dans toute sa finesse, c'est la finesse du gamin de Paris
dans toute sa malice. Dans ces rôles,
du reste faits exprès pour elle, dans ces
pièces composées sous sa direction, où
tous les autres rôles sont aussi sacrifiés
pour faire ressortir les siens, elle était
parfaite, adorable, ravissante d'imper-
tinence. Je dis elle était, car maintenant
elle parle davantage du nez; ses joues,
qui avaient encore, le soir à la scène,
jusqu'à cinquante et soixante ans, con-

servé toute leur rondeur, se sont creu-
sées ; les yeux, qui étaient si brillants,
si fins, si malins, se sont ternis et ne
lancent plus ces jets de lumière étince-
lants comme ceux du diamant ; elle
commence même à marcher presque
raide. Et nous autres jeunes hommes,
nous pouvons envier à nos pères d'avoir
vu la jeunesse d'une telle femme. Elle a
vu, à ses pieds, les fils des noms les plus
illustres de l'aristocratie briguer l'honneur de se ruiner pour elle ; nos pères
se ruinaient encore pour des femmes !
Malheureusement, elle gaspilla, man-
gea, dévora des millions, qui, si elle
avait été quelque peu raisonnable, lui
permettraient de quitter une scène à la-
quelle, pour conserver intacte la splen-
deur de son nom, elle devrait dire
adieu, laisser la place à de plus jeunes
et former des élèves.

La vie n'est pas inusable, les muscles
ne sont pas comme le caoutchouc, toujours élastiques, et les anciens disaient :
« Les Gémonies sont proches du Capi-
tole. »

Terminons par quelques détails de la
vie domestique connus de tous, du do-
maine de la publicité et de l'histoire.
Mademoiselle Virginie, comme dit Cor-

meniu en parlant de Thiers, « n'a pas
été précisément bercée sur les genoux
d'une duchesse. » D'abord malheureuse,
elle fut forcée de ne pas être toujours
aussi vertueuse que pouvait le faire es-
pérer son nom ; elle n'a pas conservé,
aussi religieusement que l'ordonnent les
lois canoniques, cette virginité que lui
avait donnée sa mère pour toute fortune.
De ces faiblesses, résultèrent une fille
qui débuta comme chanteuse sur quelques scènes étrangères, et Eugène Déjazet, directeur du théâtre et composi-
teur de quelque mérite, ce qui fait que
lors d'un procès entre la mère et le fils,
dans le temps où elle tenait encore à se
rajeunir d'une trentaine d'années, celui-
ci put répondre à la demande adressée à
l'un et à l'autre de leur âge : « J'ai juste
un an de plus que mademoiselle ma
mère. »

VERRIER.

Paris. Imp. TINTERLIN, r. N^e-des-B.-Enfants, 3